NUMMER 9

MICHAEL POLLAK
RASSENWAHN UND WISSENSCHAFT

ANTON HAIN

Originaltitel: Michael Pollak »Une politique scientifique: le concours de l'anthropologie, de la biologie et du droit«, in: François Bédarida (ed.): »La politique nazie d'extermination«, © Albin Michel, 1989.
Aus dem Französischen von Thomas Steinfeld.

CIP-Titelaufnahme der Deutschen Bibliothek

Pollak, Michael:
Rassenwahn und Wissenschaft : Anthropologie, Biologie, Justiz und die nationalsozialistische Bevölkerungspolitik / Michael Pollak. [Aus d. Franz. von Thomas Steinfeld]. - Frankfurt am Main : Hain, 1990
   (Anton Hain ; Nr. 9)
   ISBN 3-445-06009-6
NE: GT

© 1990 Verlag Anton Hain Meisenheim GmbH, Frankfurt am Main
Alle Rechte vorbehalten.
Ohne ausdrückliche Genehmigung des Verlages ist es auch nicht gestattet, das Buch oder Teile daraus auf fotomechanischem Weg (Fotokopie, Mikrokopie) zu vervielfältigen.
Gesamtgestaltung: Bayerl, Ost & Rebmann, Frankfurt am Main
Satz: Typo Forum, Büdingen
Herstellung: Poeschel & Schulz-Schomburgk, Eschwege
Printed in West Germany
ISBN 3-445-06009-6

EINLEITUNG

Die nationalsozialistische Bewegung versuchte ein Projekt gesellschaftlicher Umgestaltung zu verwirklichen, deren Mittelpunkt eine Rassentheorie bildete. Am Horizont des Projektes stand eine soziale Utopie, die auf ein reines, verbessertes Erbgut der Bevölkerung gegründet war. Rassische Überlegenheit hätte Deutschland den Fortbestand seiner Herrschaft auf internationaler Ebene sichern sollen. Der in diesem Gedanken vollzogene Ausschluß von »minderwertigen Rassen und Wesen« – ein Ausschluß, der mit den Genoziden an Juden und Zigeunern endete – ist jedoch im weiteren Kontext einer Bevölkerungspolitik zu betrachten, deren juristische und wissenschaftliche Voraussetzungen nachgezeichnet werden können. Von der Machtergreifung im Jahre 1933 an wurde die schrittweise Verwirklichung dieser Politik durch eine Flut von Gutachten vorbereitet, die bei Hochschullehrern und Forschungszentren in Auftrag gegeben wurden. Einige der Institutionen bestanden bereits zuvor, andere wurden speziell für diesen Zweck von den neuen Machthabern geschaffen. Wissenschaft und Politik sind in diesem Unternehmen nicht zu trennen. Die charakteristischen Züge der deutschen physiologischen Anthropologie, ihre Nähe zur Medizin, zur Anatomie und zur Humangenetik wie auch die Bedeutung, die in der Psychiatrie jener Zeit den Erbfaktoren zugemessen wurde, mußten ein solches Bündnis fördern.

WISSENSCHAFTSHISTORISCHE
VORAUSSETZUNGEN

Unter Berufung auf ihre intellektuellen Ahnen – und das waren neben Darwin und Galton so berühmte Leute wie Blumenbach, Kant und Goethe[1] – institutionalisierte sich die deutsche Anthropologie ab den sechziger Jahren des *1860* vergangenen Jahrhunderts mit dem Anspruch, sich den methodischen Problemen der Messung und der Typologie von Menschen verschiedener ethnischer Gruppenzugehörigkeit zu widmen: Mit Hilfe systematischer Messungen sollte die Vielfalt menschlicher Erscheinungsformen dokumentiert und ein Vergleich zwischen Völkern und Rassen ermöglicht werden.[2] Die »Deutsche Anthropologische Gesellschaft« – ein Dachverband regionaler wissenschaftlicher Gesellschaften – organisierte ihre Arbeit in Ausschüssen zu drei Forschungsbereichen: zur Kartographie prähistorischer Ausgrabungen, zur Schädellehre und zur Inventarisierung der einzelnen, geographisch nicht zusammengefaßten Sammlungen. Der Ausschuß für Schädellehre wurde von Rudolf Virchow an der Universität Berlin geleitet und rekrutierte sich zu einem großen Teil aus Medizinern und Anatomen. Er bildete die Schule der ersten Generationen akademischer Anthropologen. In den meisten Fällen stellte sich die an den deutschen Universitäten gelehrte Anthropologie trotz der Trennung von der Medizin und der Institutionalisierung einer unabhängigen Disziplin weiter als Naturwissenschaft dar. Wie sich an der Forschungstätigkeit, an den Studentenzahlen und den Dissertationen belegen läßt, erfuhr das Fach in den zwanziger Jahren dieses Jahrhunderts eine rasche Expansion.[3] Anfang der dreißiger Jahre gab es Anthropologische Institute an den Universitäten München, Leipzig, Berlin, Breslau, Heidelberg, Kiel und Frankfurt am Main. In dem Bemühen, die Zahl der untersuchten morphologischen Merkmale – Form des Schädels und andere Körpermaße, aber auch Pigmentierung, Augenfarbe, Beschaffenheit der Haare usw. – zu vermehren, verhielt sich das Fach empirisch und beschreibend. Es sah sein Aufgabe darin, die verläßlichsten Erbmerkmale verschiedener Gruppen genauer differenzieren zu können.

Diese Merkmale wurden als Kriterien einer Unterscheidung zwischen den Rassen betrachtet. Ihre Nomenklatur unterschied sich von einem anthropologiscchen Lehrbuch zum anderen.[4] Derlei empirische Arbeiten zu typologischen Zwecken ließen zwei Richtungen der Forschung entstehen:

– die Analyse der Rassenmischung in der Bevölkerung verschiedener Regionen in Deutschland und in der Welt;
– die Analyse der Erbgesetze, wobei die Verfeinerung der Methoden zu einer immer präziseren Erfassung der Erbmerkmale führte.

Die erste der beiden Richtungen wurde in der Zeit zwischen den Weltkriegen durch Egon von Eickstedt repräsentiert. Sie entfernte die Anthropologie von der Medizin und näherte sie der Psychologie, der Ethnologie und den Kulturwissenschaften an. Ausgehend von einer Analyse der rassischen Zusammensetzung der Bevölkerung wurde diese Merkmalsbestimmung in eine umfassende Beschreibung der Sitten und der Kultur einer gegebenen Region integriert. Was dabei entstand, erinnert nicht selten an Reiseliteratur. Das Verhältnis zwischen den Rassenmerkmalen der Bevölkerung einerseits und den Besonderheiten der Region andererseits wurde dabei als Beleg einer These betrachtet, derzufolge die Rasse großen Einfluß auf Art und Inhalt der sozialen und kulturellen Manifestationen einer solchen Region hat. Um die dazu erforderlichen umfangreichen Feldstudien erfolgreich durchführen zu können, verlangte dieser »holistische« Ansatz einfache Techniken der Klassifikation. Der Eindruck, den die Individuen einer Bevölkerung auf den Anthropologen machten, wurde daher zur methodischen Voraussetzung jener Verbindung von Rasse und Kultur. Eickstedt erklärte die Form des Gesichtes, des Schädels und der Nase, die Körpergröße, die Farbe der Haare und der Augen zu entscheidenden Merkmalen und entwickelte daraus eine »rassische Formel«, die zu jener Zeit kaum angefochten wurde. Sie sollte erlauben, jeden Menschen nach nur sechs Kriterien und einem System für deren Gewichtung einzuordnen.[5]

In der zweiten Forschungsrichtung wurde versucht, die tatsächliche Rolle der Erbanlagen zu definieren, indem man bestimmte Merkmale einer Generation mit denen einer anderen verglich. Dem Ansatz folgten Eugen Fischer, Siemens und O. von Verschuer. Fischer wollte die Gültigkeit der Erbgesetze, die Mendel in seinen botanischen Forschungen aufgestellt hatte, für den Menschen nachweisen. Sein empirisches Programm bestand darin, Bevölkerungsgruppen von »Bastarden« und »Mischlingen«[6] rassisch zu analysieren. Siemens und von Verschuer versuchten hingegen in der Tradition Galtons, durch Untersuchungen an Zwillingen exakte Maßstäbe für das jeweilige Verhältnis von Erbanlage und Milieu zu entwickeln.[7] Diese empirische Richtung innerhalb der deutschen Anthropologie genoß durch ihre Verbindung mit der Medizin ein hohes wissenschaftliches Ansehen und fand in Form juristischer Gutachten den Weg zur angewandten Wissenschaft: In Wien wurde 1926 zum ersten Mal ein anthropologisches Gutachten in einem Vaterschaftsprozeß zugelassen; in Deutschland und in Österreich wurden anthropologische

Gutachten nach 1931 systematisch als Rechtsmittel verwandt. Die Gutachten erfuhren dabei eine schnelle methodische Verfeinerung. Die Rassenmerkmale, die in solchen Rassenformeln[8] Berücksichtigung fanden, wurden vermehrt. Diese im Grunde genommen bescheidenen Anwendungen befestigten die Legitimität und das Sozialprestige einer Wissenschaft, die durch ein Netz zahlreicher Gesellschaften getragen wurde. Diese Gesellschaften garantierten zudem die Vulgarisierung einzelner Wissenselemente – und zwar häufig mit dem »fortschrittlichen« Anspruch einer populären Sexualpädagogik oder »vorehelichen Beratung«.

Die eugenische Bewegung in Deutschland zeichnete sich darüber hinaus durch die Bedeutung aus, die den Rassenlehren zugemessen wurde. Die Humangenetik gestattete eine Vielzahl von Anwendungen und profilierte sich vor dem Hintergrund der Hoffnung, systematisch eine überlegene Rasse kultivieren zu können, indem sie die Reproduktion von Elementen, die durch Erbkrankheiten erworben werden, auszuschließen oder unerwünschte Rassenkreuzungen zu verhindern half. Im Hinblick auf eine solche Strategie mußte sich die Verbindung zwischen der Anthropologie und einem anderen Zweig der Medizin, der *Psychiatrie*, als entscheidend erweisen.

Die Psychiatrie hatte sich während des Ersten Weltkrieges in Folge ihrer militärischen Anwendung rapide entwickelt. Die Häufigkeit von »Kriegsneurosen« und von Symptomen chronischer Angstzustände unter den Soldaten zwang die psychiatrische Forschung zu einer neuen Schwerpunktsetzung: Sie konzentrierte sich nun auf therapeutische Maßnahmen, von denen man sich eine schnelle Heilung von Nervenschäden versprach, die temporär zu sein schienen. Durch Hypnose, Elektroschocks und medikamentöse Behandlung auf der Grundlage von Beruhigungsmitteln versuchte man, die Patienten an die Schrecken der Front anzupassen. In vielen Fällen gelang das nicht. Daraufhin wurden die meisten Patienten – statt in psychiatrische Kliniken – in die Industrie überwiesen. Dies zwang die Psychiater, nicht länger in genau voneinander getrennten Kategorien zu denken, sondern einen gleitenden Übergang anzunehmen, der sich vom Zustand einer manifesten Krankheit bis zum Zustand völliger Gesundheit über verschiedene Grade der Anpassung an die Normalität erstreckte – wobei Normalität allgemein als die Fähigkeit zu einer sozial angepaßten und nützlichen Lebensweise[9] definiert wurde. Diese Auffassung ebnete den Weg zu einer grundsätzlichen Veränderung in der Organisation psychiatrischer Arbeit nach dem Ersten Weltkrieg: Innerhalb der Psychiatrie wurde zunehmend angestrebt, die Unterbringung in geschlossenen Anstalten durch Therapien der Reintegration in den Produktionsprozeß zu ersetzen. Die Fortschritte im therapeutischen Bereich und in der Sozialisierung bestimmter Gruppen von psychisch Kranken hatten jedoch eine paradoxe Konsequenz. Denn die Erfolge in der Wiedereingliederung schienen solchen Theorien recht zu geben, die die Genese von Geisteskrankheiten in erster Linie auf das soziale und kulturelle Milieu zurückführten – diese Theorien hatten die Versuche zur Reintegration überhaupt erst inspiriert. Andererseits bestätigte das Scheitern von Resozialisierungsversuchen den entgegengesetzten Standpunkt, demzufolge die Erbanlage bzw. die angeborene Disposition in der Genese psychischer Krankheiten dominierten.

In dem Maße, wie die psychiatrischen Anstalten sich öffneten und Arbeit als Therapieinstrument eingesetzt wurde, erschienen die Fehlschläge in der Resozialisierung zugleich als Belege für den erblichen Charakter bestimmter pathologischer Erscheinungen. Statt sich den Hypothesen von der Erblichkeit dieser Krankheiten entgegenzusetzen, kehrten bestimmte fortschrittliche Tendenzen daher wieder zu den Vererbungstherorien zurück und bekräftigten sie sogar.

Indem man psychische Krankheiten durch den Grad der gesellschaftlichen Anpassung, der Arbeitsfähigkeit und der Nützlichkeit des einzelnen für die Gemeinschaft definierte, setzte man sie mit anderen Formen von angeblich mangelnder sozialer Anpassung gleich. Zu solchermaßen »asozialem« Verhalten gehörten Rückfallkriminalität, Alkoholismus, Prostitution und Landstreicherei. Auch diese Formen abweichenden Verhaltens standen im Falle des Scheiterns von Reintegrationsversuchen im Verdacht, erblich oder konstitutionell bedingt zu sein. Es ist daher nicht verwunderlich, daß sich ab den frühen zwanziger Jahren die Psychiatrie zum geeignetsten Kampfinstrument gegen den diagnostizierten moralischen und sozialen Verfall nach dem Kriege erklärte. Einige ihrer eifrigsten Vertreter unterschieden explizit zwischen resozialisierbaren Fällen und nicht reintegrationsfähigen Erbkranken.[10]

Bereits vor dem Ersten Weltkrieg hatten Sozialdarwinisten in Fachzeitschriften und populärwissenschaftlichen Publikationen die Zwangssterilisation bestimmter Gruppen von psychisch Kranken sowie die Euthanasie verlangt.[11] Die Diskussion dieser Forderung hörte zwischen 1920 und 1933 nicht auf. Zu den vehementesten Verteidigern solcher eugenischen Maßnahmen zählten Psychiater, die von der Gültigkeit der Mendelschen Gesetze für die Vererbung psychischer Krankheiten überzeugt waren.[12] Mitte der zwanziger Jahre trat so eine Forschungsrichtung hervor, welche innerhalb der Psychiatrie eine Stelle beanspruchte, die in der Anthropologie von der Humangenetik besetzt wurde. Über die ihnen gemeinsame Zugehörigkeit zu den medizinischen Fakultäten hinaus brachte die beiderseitige Bezugnahme auf Mendel die Wissensbereiche, deren Gegenstände eigentlich weit auseinander lagen, einander näher. Als Interessenverband fungierte die »Deutsche Gesellschaft für Rassenhygiene«. Sie vereinte Wissenschaftler verschiedener Fachrichtungen, aber auch hohe Beamte, und konnte dank ihrer gesellschaftlichen Anerkennung die Stellung ihrer Mitglieder in deren jeweiligen Disziplinen stärken. Es ist daher nicht erstaunlich, daß Fischer 1927 zum ersten Direktor des Instituts für Anthropologie der Kaiser-Wilhelm-Gesellschaft in Berlin berufen und Rüdin 1928 in die Leitung des Instituts für Psychiatrie der Kaiser-Wilhelm-Gesellschaft in München aufgenommen wurde.[15] Im Gegensatz zu den Universitätsinstituten, an denen neben dem Ordinarius selten mehr als ein oder zwei Assistenten und eine Sekretärin beschäftigt waren, verfügten diese Institute über ausgedehnte Forschungsmöglichkeiten. Die beiden Berufungen an die Spitze dieser Institute markierten eine wissenschaftliche Bestätigung der Eugenik in Psychiatrie und Anthropologie. Gemäß den Statuten für die Institute der Kaiser-Wilhelm-Gesellschaft [aus der nach 1945 die Max-Planck-Gesellschaft entstand] stellten sie auch eine Verpflichtung zur angewandten Forschung dar.

Die Eugenik hatte in der Tradition Galtons stets an den Staat als die Instanz appelliert, die für die Quantität und die Qualität der Bevölkerung verantwortlich sei. Damit er seine Aufgaben in der Bevölkerungspolitik erfüllen könne, schlug sie sowohl »fördernde« Mittel der Einflußnahme in Form von »Erbgesundheitszeugnissen« als auch negative, nämlich Sterilisation und eugenisch motivierte Abtreibungen vor. Erstere sollten die optimale Qualität der biologischen Reproduktion gewährleisten, letztere jede Möglichkeit der Weitergabe nicht heilbarer erblicher Mängel ausschließen. Doch gab es eine entsprechende Gesetzgebung nur in Ansätzen – und das, obwohl die eugenische Bewegung während der Weimarer Republik an den Universitäten fest etabliert war und vom Wettbewerb der Wissenschaften profitierte, der sich mit ihrer Popularisierung sowie mit politischem Druck verband. Sie erreichte bei weitem nicht die Gesetzgebungen zur eugenischen Sterilisation, die zu jener Zeit in den Vereinigten Staaten oder in den skandinavischen Ländern in Kraft waren.[14] Unter den Wissenschaftlern wurden allerdings die Stimmen, die sich einer solchen Gesetzgebung widersetzten, in dem Maße leiser, wie man sich den dreißiger Jahren näherte. Im Bezug auf eine eugenische Bevölkerungspolitik konnten daher die Nationalsozialisten 1933 auf eine breite Unterstützung durch Sachverständige zählen.

DER RAHMEN DER GESETZGEBUNG

Der Einfluß der eugenischen Lehren erstreckte sich zwar auf die Mehrheit der politischen Gruppierungen, war aber in der völkischen, nationalsozialistischen Bewegung besonders deutlich. Dort fand das Programm einer Erb- und Rassenhygiene sein Echo in einer Rassenideologie, in einer Politik, die sich auf das wahre Wesen des deutschen Volkes gründen wollte. Am Anfang der Umgestaltung des deutschen Rechts nach den Kriterien der neuen Rassenideologie stand eine Institution: die »Akademie des deutschen Rechts«. Sie wurde im Juni 1933 gegründet und der Leitung des Innenministers Hans Frank unterstellt – des Mannes, der während des Krieges Generalgouverneur in Polen war. Mehr als vierzig Fachausschüsse sollten darin alle legislativen Maßnahmen diskutieren und vorbereiten, die im Hinblick auf die Anpassung der staatlichen Institutionen an die nationalsozialistische Revolution durchzuführen waren.

Im selben Monat lud die neue Regierung auch die wichtigsten Wissenschaftler ein, in einem Sachverständigenbeirat für Bevölkerungs- und Rassenpolitik mitzuwirken – gewissermaßen eine öffentliche Anerkennung der Experten, die sich offiziell in der »Deutschen Gesellschaft für Rassenhygiene« zusammengeschlossen hatten. Für die neuen Herren Deutschlands umfaßte dieser Terminus der Bevölkerungspolitik alle eugenischen demographischen und rassischen Möglichkeiten, die Bevölkerung Deutschlands im Sinne ihrer ideologischen Vorstellungen umzugestalten. Die Diskussion eugenischer Probleme in diesem Komitee – wie der Verhinderung von »Erbkrankheiten« – konnte auf Gesetzesvorschläge in der Weimarer Republik zurückgreifen und führte so in wenigen Wochen zur Formulierung von Gesetzen, die der Regelung der Rassentrennung um mehr als ein Jahr vorausgingen.

Im Vorwort des ersten der erb- und rassenhygienischen Gesetze heißt es: »... was als Grundgehalt des Gesetzes Bedeutung erlangt, das ist das Primat und die Autorität des Staates, die er sich auf dem Gebiet des Lebens, der Ehe und der Familie endgültig gesichert hat.«[15] Es handelte sich dabei um die folgenden Gesetze:

- das *Gesetz zur Verhütung erbkranken Nachwuchses* von 1933;
- das *Gesetz gegen gefährliche Gewohnheitsverbrecher* von 1934;
- das *Gesetz zur Vereinheitlichung des Gesundheitswesens* von 1934;
- das *Ehegesundheitsgesetz* von 1935.

Die beiden erstgenannten Gesetze bildeten die juristische Grundlage für die Sterilisierung von 350000 Menschen. Ein Fünftel dieser Eingriffe wurde in den ersten beiden Jahren nach Inkrafttreten der Gesetze ausgeführt. Die Trennung in eine besondere Gesetzgebung zur Verhinderung von Erbkrankheiten einerseits – darunter wurden angeborener Schwachsinn, Schizophrenie, zyklische Psychosen, erbliche Epilepsie, Chorea Huntington, erbliche Blindheit, erbliche Taubheit, schwere erbliche körperliche Mißbildungen und schwerer Alkoholismus gefaßt – und gegen nicht resozialisierbare Gewohnheitsverbrecher andererseits lief bestimmten Ansichten in der Psychiatrie zuwider. Sie definierten die Krankheit als Abweichung von einem »sozial angepaßten und nützlichen Verhalten«. Ihre Vertreter neigten daher zu einer Gleichsetzung von Krankheit und Kriminalität und wollten beide Phänomene mit einem Gesetz abdecken. Der weite begriffliche Spielraum, der zu erkennen ist, wenn man vom Namen des Gesetzes – der ja auf »erbliche« Krankheiten Bezug nimmt – zur Aufzählung der Krankheiten im ersten Paragraphen übergeht, zeigt darüber hinaus, daß sich dieses Gesetz keineswegs nur auf die tatsächlich erblichen Krankheiten bezieht. Die Verschwommenheit der Kategorien wurde von Juristen bemerkt und in den offiziellen Kommentaren zu diesem Gesetz implizit anerkannt: Eine Sterilisation wird darin durch die »große Wahrscheinlichkeit« gerechtfertigt, mit der zu erwarten sei, daß auch die Nachkommen an diesen Krankheiten leiden werden. Als Beleg verweisen dieselben Erläuterungen auf empirische Untersuchungen, nach denen zwischen neun und zehn Prozent der Kinder von Schizophrenen selber schizophren werden.[16] Wenn ein Quotient von zehn Prozent ausreicht, die Diagnose einer »großen Wahrscheinlichkeit« zu rechtfertigen, läßt sich vorstellen, welche Haltung im Milieu der Psychiatrie gegenüber psychischen Krankheiten herrschte. Mehr noch: Die Beweisführung demonstriert die Bereitschaft, die Grundregel medizinischer Ethik, nach der es zuallererst um das Schicksal des Patienten als einzelnem gehen sollte, zugunsten eines entschieden präventiven Ansatzes aufzugeben, demzufolge nur durch Sterilisation jede Möglichkeit einer Vererbung ausgeschlossen werden könnte. Dieser weite Anwendungsbereich des Gesetzes wurde von den Berufsorganisationen der Psychiatrie enthusiastisch begrüßt. Für viele Psychiater löste das Gesetz ein ernstes Gewissensproblem[17], indem es eine in den geschlossenen Anstalten bereits übliche Praxis legalisierte. Außerdem verwies das Gesetz die Psychiater weniger auf die Betreuung hoffnungsloser Fälle, sondern eröffnete ihnen vielmehr positive soziale Perspektiven: nämlich eine Psychiatrie im Dienste des angeblichen Gemeinwohls.

Es läßt sich daher sagen, daß eine Gruppe von Wissenschaftlern – nämlich die Psychiater und Anthropologen, die in denselben wissenschaftlichen Gesellschaften organisiert waren und sich die »Rasse« als Forschungsgegenstand und wissenschaftliche Aufgabe gesetzt hatten – die Sterilisation »minderwertiger Lebewesen« vorbereitete und die entsprechenden Gesetze ohne Vorbehalt begrüßte. Indessen galt ihre positive Einstellung nicht im gleichen Maße dem Postulat rassischer Reinheit. Denn auch wenn sich die Fachwissenschaftler über die Notwendigkeit einig waren, die biologische Reproduktion von psychisch Kranken und Asozialen zu verhindern und diese Gruppen zu marginalisieren, existierte ein solcher Konsens nicht für die Taxonomie. Noch weniger Einverständnis herrschte im Hinblick auf eine Hierarchie der Rassen – insbesondere auf die angebliche »Minderwertigkeit« einer angeblichen »jüdischen« Rasse.

Sicherlich, die »Bastardierung« erschien in der Literatur häufig als um so gefährlicher, als sie Identität und Authentizität einer Nationalkultur in Frage stellte. Eine solche »Bastardierung« offiziell zu verhindern war um so leichter, wie sich die betroffene »Rasse« durch sichtbare und für jedermann erkennbare äußerliche Merkmale auszeichnete. In der Chronologie der Verfolgungen wurde deshalb die schwarze »Rasse« zum ersten Opfer der eugenischen Maßnahmen im Nationalsozialismus. Die »Rheinlandbastarde« – Kinder von schwarzen Soldaten der französischen Besatzungsarmee und deutschen Frauen – wurden ab 1934 sterilisiert, und zwar aus denselben Gründen wie die psychisch Kranken und »asozialen Elemente«.[18]

In rassistische Haßtiraden gegen die Juden aus der Zeit vor 1933 ergingen sich dagegen nur Parteiideologen und einige Intellektuellen, die eher Philosophen und Philologen als Sachverständige für die Klassifikation von Rassen waren. Im Gegensatz zur Politik der eugenischen Vorsorge wurde die rassische Reinheit von den politischen Instanzen gefordert und mußte gegen gewisse, wenn auch schwache Widerstände von seiten der Wissenschaftler durchgesetzt werden. Im Unterschied zu den eugenischen Gesetzen der Jahre 1933 wurden die Gesetze von 1935 – also diejenigen, die rassische Reinheit betreffen – nicht durch einen formell einberufenen Ausschuß von Fachwissenschaftlern vorbereitet. Auch die Gelegenheit, die für ihre Proklamation gewählt wurde, nämlich der Nürnberger Parteitag, signalisiert einen Unterschied zu den früheren Gesetzen, obwohl ihnen die Referenz an eine biologische Weltanschauung gemeinsam ist. Diese Maßnahmen bringen den Glauben an die rassische Reinheit zum Ausdruck, wie er der nationalsozialistischen Ideologie inhärent ist: Rassische Reinheit sollte die Stabilität der nationalsozialistischen Herrschaft und die Macht Deutschlands langfristig gewährleisten. Dies wird bereits durch die Forderung nach Rassennachweisen belegt, die je nach Beruf oder öffentlichem Amt verlangt wurden. Der 1933 vollzogene Ausschluß von Juden aus dem Beamtentum – als »Jude« galt jede Person, die zumindest einen jüdischen Großelternteil hatte – war nicht mehr als ein erster Schritt hin zu administrativen Maßnahmen, mit denen das gesamte öffentliche Leben rassisch gereinigt werden sollte. Der »Ariernachweis«, der in den »Ahnenpaß« eingetragen wurde, mußte sich über zwei Generationen erstrecken und war für jede Verbeamtung unverzichtbar. Für leitende Positionen in der Parteiorganisation wurden Belege verlangt, die eine arische Abkunft bis ins Jahr 1800 zurückverfolgen ließen. Und wem die Türen zur Elite des Reiches, der SS, offen stehen sollten, mußte einen arischen Stammbaum bis 1750 vorweisen können. Das Gleiche galt für die Anforderungen an die rassische Reinheit der Frauen, die sich vor der Eheschließung einer besonderen Prüfung durch spezifische Instanzen der Partei und der SS unterziehen mußten.

Die Forderungen an Rassenreinheit waren Ausdruck der Bedeutung, die den jeweiligen Berufen für das Funktionieren des Staates zugesprochen wurden; daher findet man die gleichen rigiden Maßstäbe bei Beamten wie bei Bauern, während Mischlinge zweiten Grades [das heißt Menschen mit einem jüdischen Großelternteil] nach einer Sondererlaubnis des Innenministers[19] zum Beispiel für den Beruf eines Apothekers zugelassen werden konnten.

Der Ausschluß der Juden aus dem öffentlichen Dienst und die für sie geltenden Zugangsbeschränkungen für andere Berufe konnten den Sozialneid breiter Schichten, darunter vor allem das Kleinbürgertum und der bürgerlichen Intellektuellen[20], befriedigen. Doch gleichzeitig stand einer Bestimmung der Juden als rassisch minderwertige Lebewesen die geltende wissenschaftliche Auffassung entgegen. Im klassischen Nachschlagewerk zur physiologischen Anthropologie, das 1923 von Bauer, Fischer und Lenz veröffentlicht wurde, ist zum Beispiel in der Ausgabe von 1927 zu lesen: »Viele Judenhasser sind der Ansicht, daß die Sinnesart der Juden an und für sich auf Zersetzung und Verneinung gerichtet sei. Ich glaube nicht, daß das richtig ist [...] Der ausgesprochene Familiensinn der Juden ist alles andere als zersetzend, ebenso ihr starkes Zusammengehörigkeitsgefühl, ihre gegenseitige Hilfsbereitschaft und ihr Gefühl für die allgemeine Menschheit. Der jüdische Geist ist neben dem germanischen die hauptsächlichste treibende Kraft der modernen abendländischen Kultur.« Diese Passagen sind in der Neuausgabe von 1936 gestrichen. Die Juden erscheinen darin als Parasiten, die ihre »Wirtsvölker«[21] zerstören.

Angesichts der Unmöglichkeit, sich zur Bestimmung der Juden als besondere, tatsächlich zu unterscheidende Rasse auf die Wissenschaft zu berufen, rechtfertigten die Propagandatexte die Unterdrückung der Juden mit deren Charakter als »Bastarde«. Verdächtig wurden sie also weniger wegen ihrer unveränderlichen rassischen Andersheit, sondern als Mischlinge. Das allerdings läßt sie als um so gefährlicher erscheinen, da sie oft nur unter Schwierigkeiten äußerlich erkannt werden können. Für die Juden ist daher das grundsätzliche Kriterium rassischer »Minderwertigkeit« der Mischungsgrad.

Im Mittelpunkt der rassischen Reinigung in Deutschland findet man schließlich zwei Gesetze, die auf dem »Parteitag der Freiheit« in Nürnberg verabschiedet und auf den 15. September 1935 datiert wurden: Das eine definierte die Staatsbürgerschaft, das andere war das »Gesetz zum Schutz des deutschen Blutes und der deutschen Ehre«.

Die Nürnberger Gesetze und besonders das »Gesetz zum Schutz des deutschen Blutes und der deutschen Ehre« hatten die Aufgabe, das »deutsche Blut, das im deutschen Volk als lebender Organismus fließt«, zu schützen. Das »Blutschutzgesetz« verbot Ehe und sexuelle Verbindungen zwischen »Juden« und »Ariern« und etablierte darüber hinaus eine Unterscheidung der »Arier« nach »Deutschen« und »artverwandten« Rassen.

Ganz wie die eugenischen Gesetze oder die Gesetze gegen das Gewohnheitsverbrechertum aus dem Jahre 1934 entwickelte auch das »Gesetz zum Schutz des deutschen Blutes und der deutschen Ehre« einen dynamischen Charakter. Jenseits des expliziten Zwecks, Ehen und sexuelle Verbindungen zwischen »Ariern« und »Juden« zu unterbinden, diente es in allen Bereichen der fortschreitenden Dissimilation der beiden Gruppen, deren Existenz und deren Grenzen zu einem guten Teil erst durch dieses Gesetz definiert wurden. In diesem Fall spiegelte das Gesetz keine Realität wider, sondern schuf erst die Wirklichkeit.

In einer ersten Fassung verbot der zweite Paragraph dieses Gesetzes mit Wirkung vom 16. September 1935 außer Eheschließung jeden »außerehelichen Geschlechtsverkehr« zwischen »Juden« und »Ariern«. Doch in der endgültigen Fassung des Gesetzes war das Wort »Geschlecht« gestrichen. Im üblichen Wortgebrauch bezeichnet »außerehelicher Verkehr« fast ausschließlich sexuelle Verhältnisse.

Doch folgte die Rechtsprechung ab 1935 einer großzügigen Auslegung dieses Terminus. Es wurde gelegentlich selbst auf schlichte Gesten der Zärtlichkeit verzichtet und andere Formen von »Verkehr« angewandt. Die möglichen Interpretationen der Kategorie »außerehelicher Verkehr« entwickelten sich offensichtlich hin zu einer völligen Trennung zwischen »Juden« und »Ariern«. Sie reichte von verschiedenen Boykottmaßnahmen, Berufsverboten, Ausweisungen und Verbannungen ins Getto bis zur Deportation und zur »Endlösung«.[22]

Die Unterscheidung, die zwischen »Deutschen« und »Ariern« getroffen wird, erscheint noch deutlicher im *Reichsbürgergesetz*, das die Differenz zwischen *Staatsbürger* und *Reichsbürger* etabliert. Der erste Terminus bezeichnet alle Personen, die im Reich leben. Der zweite umfaßt nur solche »Bürger von deutschem Blut oder artverwandter Rassen«, deren Verhalten beweise, daß sie willens und fähig seien, dem deutschen Volk und dem deutschen Reich treu zu dienen und sie zu verteidigen. Nur die *Reichsbürger* erfreuten sich politischer Rechte. Wenige Monate nach Inkrafttreten des Gesetzes gewährte die Regierung jedem Bürger, der das einundzwanzigste Lebensjahr vollendet hatte und den rassischen Kriterien entsprach, die *Reichsbürgerschaft*.

Dieses neue Gesetz zur Staatsbürgerschaft stellte der Verwaltung beliebig interpretierbare Regeln zur Verfügung, die ihr erlaubten, nach den Kriterien der Staatstreue mehrere Kategorien von Bürgern zu schaffen, wobei die *Reichsbürgerschaft* jederzeit widerrufbar war. Diese Gesetze machten aus der Zugehörigkeit zu nicht-arischen Rassen ein absolutes Ausschlußkriterium und stellten daher eine potentielle Unterdrückung dar. Indem das Gesetz nach Maßgabe der Staatstreue eine doppelte Staatsbürgerschaft einführte, definierte es eine fließende Grenze, einen leicht zu nutzenden juristischen Spielraum, der die guten Deutschen von den zweifelhaften Bürgern schied –

die bereits in den Gesetzen gegen die Verbreitung von Erbkrankheiten und Gewohnheitsverbrechertum aufgeführt waren. Die Unterscheidung sollte später die Unterdrückung erleichtern, die von der SS beständig perfektioniert wurde.

Die Neudefinition der Zugehörigkeit oder Nicht-Zugehörigkeit zum deutschen Volk nach rassischen Kriterien gestattete dem Regime, seine Weltanschauung zu verwirklichen, indem es die gesamte Menschheit auf einer Stufenleiter einordnete, die von den Deutschen ganz oben bis zu den Juden ganz unten reichte. Alle anderen Gruppen situierten sich irgendwo zwischen diesen beiden Polen. Diese Definition markiert daher nicht nur den Beginn von Unterdrückung und Ausschluß ethnischer Minderheiten, sondern auch von Versuchen, die auf eine Verbesserung des Erbgutes durch die Reproduktion der »reinsten« Lebewesen im *Lebensborn* zielten.

Die am »Blut« gewonnene juristische Unterscheidung aller Einwohner Deutschlands war das Ergebnis einer Etappe politischer Arbeit: Einer angeblich wissenschaftlichen »Theorie« von den Rassen war ein juristischer Ausdruck verliehen worden. Soziale Spaltungen wurden dadurch vergrößert, daß sie durch ihre Einschreibung in die Ordnung der Dinge als unabänderlich erschienen: Die juristischen Fakten bestärkten den Glauben an die Wissenschaftlichkeit der Rassentheorie sowie der eugenischen Praxis. Diese wiederum wurden an den Universitäten zu Arbeitsschwerpunkten befördert. Umgekehrt trugen diese Wissenschaften dazu bei, die Verhältnisse zu legitimieren, die durch den neuen juristischen Rahmen geschaffen worden waren.

RASSENTHEORIE ALS ANGEWANDTE
WISSENSCHAFT

Die eugenischen Gesetze stimmten – wie oben deutlich *1933*
wurde – noch mit den Überzeugungen der Mehrheit unter
den Fachwissenschaftlern überein. Viele wurden indessen angesichts der Nürnberger Gesetze zurückhaltender. *1935*
Doch hatten die beiden Gesetze insofern unmittelbar aka-
demische Folgen, als sie die Macht dieser Experten ver-
größerten und ihnen im Rahmen der administrativen und
juristischen Praxis neue Arbeitsbereiche und Berufsaus-
sichten eröffneten.

Die Gesetze gegen die Verbreitung von Erbkrankheiten
und das Gewohnheitsverbrechertum bezeichneten diese
»Krankheiten« nur in juristisch allgemeiner Form und
schufen Probleme der Erkennung und Erfassung. Ärzte
und anderes medizinisches Personal wurden daher verpflichtet, die im Gesetz erwähnten Krankheiten besonderen *Erbgesundheitsgerichten* anzuzeigen, die aus einem
Richter, einem Amtsarzt und einem Facharzt gebildet wurden. Den Kranken standen nur geringe Möglichkeiten offen, ein Urteil in einer Frist von einem Monat anzufechten
[nach 1935 innerhalb von zwei Wochen], wobei die höhere
Instanz wie die erste zusammengesetzt war. Die gesetz-
liche Neuordnung von 1934 suchte die medizinischen Berufe nach eugenischen Maßstäben zu einen und die viel-
fältigen Koordinationsversuche zwischen den wissenschaftlichen Gesellschaften der Kriminalpsychologie und
der Rassenhygiene zu zentralisieren. Sie sollte so auch

dazu beitragen, die therapeutischen Entscheidungen in der Praxis zu harmonisieren. Die Ärzte und darunter ganz besonders die Psychiater wurden auf diese Weise zu Verantwortlichen für die Registrierung bestimmter Bevölkerungsgruppen sowie für die statistische Erfassung einzelner Fälle.

Der mit dem Ziel, den legalen Bereich der Sterilisierung zu erweitern, ausgeübte medizinische Druck machte selbst vor der Abtreibung nicht halt – zu jener Zeit ein soziales Tabu. Von 1934 an insistierte der Berufsverband der Ärzte auf der Legalität der Abtreibung aus eugenischen Gründen. Was zunächst nur toleriert wurde, durfte der Arzt nun tun und bis zum sechsten Schwangerschaftsmonat Abtreibungen in Fällen vornehmen, die die Definition der Gesetze zur »Verhinderung von Erbkrankheiten« entsprachen.

In den ersten Jahren der nationalsozialistischen Herrschaft wurde die Erkennung und Erfassung aller Kranken, die für eine Sterilisation in Frage kamen, zur vordringlichen praktischen Aufgabe der Psychiatrie. Zahlreiche diesem Thema gewidmete Lehrveranstaltungen und Konferenzen wurden, zum Teil in privatem Rahmen, ausgerichtet. Sie sollten die medizinische Verwaltung und die Ärzte in den Kliniken darauf vorbereiten, mit der öffentlichen Gewalt zusammenzuarbeiten und die Methoden der Erkennung mit der Rechtsprechung abzustimmen.

Die offiziellen Erläuterungen zum Gesetz gegen »gefährliche Gewohnheitsverbrecher« insistieren auf dem erblichen Charakter gewisser Typen von Rückfallkriminalität – darunter Eigentums- und Betrugsdelikte. Der »unheilbare« Charakter eines Kriminellen mußte nach Maßgabe einer umfassenden Bewertung eines gewissen Minimums an Verbrechen ermittelt werden. Wiederum gestattete die juristische Sprache einen weiten Spielraum für Interpretationen und schuf so die Voraussetzungen für eine Erweiterung des Anwendungsbereiches. Die erste dieser Erweiterungen galt allen als »asozial« eingestuften Personen: Abwesenheit vom Arbeitsplatz, Landstreicherei und Prostitution konnten in der Folge schwere Strafen nach sich ziehen. Und das konnte Zwangsarbeit, Berufsverbot, Unterbringung in geschlossene Anstalten und schließlich Konzentrationslager bedeuten.[23] Das Gesetz diente auch der Verfolgung von Zigeunern, bevor diese massiv unterdrückt und während der vierziger Jahre vernichtet wurden.[24]

Außerdem sah dieses Gesetz die Sterilisation von »psychisch oder moralisch entarteten« Personen vor. Wiederum war die Mitwirkung von Fachärzten notwendig, um die Unklarheiten in der Auslegung dieser sehr vagen Kategorien aufzulösen. Die zu jener Zeit populäre kriminalpsychiatrische Literatur verweist, wenn sie Symptome des Schwachsinns nennt, häufig auf Indikatoren einer »Lebensweise«, die eigentlich materielle Not anzeigen. Dazu gehören »Anzeichen« wie das Fehlen einer Wohnung, Willensschwäche, Gleichgültigkeit gegenüber der öffentlichen Ordnung, Kleinwüchsigkeit, Untergewicht oder die »Unfähigkeit« zum selbständigen Lebenserwerb. Diese fließenden Bestimmungen entstammen keineswegs dem Nationalsozialismus, sondern stellen einen Rückgriff auf Theorien dar, wie sie zu Anfang des Jahrhunderts von Kraepelin und Bleuler vertreten wurden. Doch verlieh man ihnen durch die eugenische Gesetzgebung eine administrative Dimension, die erst die praktischen Voraussetzungen für eine Politik der Eugenik und der Rassentrennung schuf.

Das 1935 verabschiedete *Gesetz zur Erbgesundheit des deutschen Volkes* vervollständigte die Etablierung eines Systems zur Erkennung und Erfassung von »minderwerti gen Elementen«, dessen Ziel es war, deren Reproduktion ein Ende zu setzen. Das Gesetz schrieb medizinische Untersuchungen vor der Eheschließung vor und verbot all jenen die Ehe, die in den Geltungsbereich der Gesetze zu den Erbkrankheiten und gegen die Gewohnheitsverbrechern fielen. Die offiziellen Kommentare gehen in der Gleichsetzung von Krankheit, Delinquenz und mangelnder sozialer Anpassung noch weiter, indem sie die Homosexuellen, die »Arbeitsscheuen« und die »Feinde der Volksgemeinschaft« explizit in den Anwendungsbereich des Gesetzes aufnahmen. Im selben Jahr erhöhte eine Revision des Strafgesetzbuches die Strafen, die verschiedene Eigentumsdelikte und sittliche Vergehen nach sich zogen, zu denen besonders die Homosexualität zählte. Dadurch wurde das Strafgesetzbuch gleichsam zum Schöpfer so mancher Kategorie von nicht resozialisierbaren Verbrechern, deren Zahl daher wesentlich zunahm.

Die Politik der »Rassenhygiene und Rassenbiologie« war nunmehr so weit durchgesetzt, daß die für ihre Durchsetzung relevanten Berufsgruppen offiziell mit der Prävention echter oder angeblicher Erbschäden vertraut gemacht wurden – und dies wesentlich dank der aktiven Unterstützung durch die Ärzteschaft.

Denn auch die Nürnberger Gesetze schufen Probleme der Definition, der Erkennung und Erfassung, die mit dem Begriff der Rasse, mit »jüdisch« und »arisch« verbunden waren. Wie hätte man auf Grund rassischer Kriterien bestimmen können, daß jemand Jude sei? Wie sollte man belegen, daß die Juden eine »Rasse« bilden und nicht nur eine kulturelle und religiöse Minderheit? So verwiesen bereits die ersten Erlasse zur Anwendung der Gesetze auf die Mitgliedschaft in einer sozio-religiösen Gemeinschaft als Indiz der Rassenzugehörigkeit. Ein zweites, verwandtes Problem war die Bewilligung von Anträgen auf eine Heiratsgenehmigung. Zu diesem Zweck wurden Kompatibilitätstafeln aufgestellt, die den Mendelschen Erbgesetzen folgten und den entspechenden Verwaltungsstellen zur Verfügung gestellt wurden. Die Tafeln zeigten, wie zwischen verbotenen Mischehen, die angeblich die Erbkette schädigten oder gar verseuchten, und anderen Mischehen unterschieden wurde. Für letztere bedurfte es einer Sondergenehmigung, die auf Grundlage einer hypothetischen Qualität des Erbgutes ausgestellt wurde. Sie wurde auch für Mischlinge zweiten Grades verlangt, die »Menschen deutschen Blutes« nicht ehelichen durften, da dies zu einer »fortschreitenden Ausdünnung des deutschen Blutes« beitrage. Die Schwierigkeiten, die allein wegen der Ausbildung der mit der Durchsetzung der Gesetze von 1935 befaßten Bürokraten entstanden, waren erheblich. Das offenbaren die etwa 250 Erlasse zu diesen Gesetzen, aber auch die zahlreichen Broschüren zur Information der Verwaltungskräfte.[25]

Die Identifikation der verschiedenen Kategorien von rassischer Mischung warf bis 1945 Probleme auf. Die Berliner Dienststellen der Gestapo unterschieden in ihren Statistiken sieben Kategorien der rassischen Mischung, welche vom »reinen Arier« bis zum »reinen Juden« reichten – und das zwei Jahre nachdem alle Juden aus dieser Stadt deportiert worden waren.[26] Die Komplexität dieser Unterscheidungen hatte eine Vielzahl von verwaltungstechnischen Konsequenzen. Sie setzte speziell dazu ausgebildete Akademiker voraus, und zwar besonders Juristen und Anthropologen. Den Eugeniker als eigentliche Fachkraft gab es jedoch nicht. Psychiater und Anthropologen hatten sich zwar in den zwanziger Jahren in einer gemeinsamen wissenschaftlichen Gesellschaft zusammengeschlossen, um die Sache der Eugenik und der Rassenreinheit zu fördern. Doch trotz aller offiziellen Anerkennung der »Rassenhygiene« als akademischem Fach borgte ihre Professionalisierung die Strukturen der alten Disziplinen. Während die Anwendung der Sterilisationsgesetze das Vorrecht von Psychiatern blieb, waren Erkennung und Erfassung rassischer Zugehörigkeit weitgehend das Werk von Anthropologen.

Bei unehelichen und adoptierten Kindern galten anthropologische Gutachten als ebenso unverzichtbar wie in

Fällen, in denen die Mutter zur Zeit der Empfängnis mehrere sexuelle Beziehungen unterhielt. Da serologische Analysen nur ein negatives Urteil zuließen – nämlich die Feststellung, daß dieser oder jene Mann nicht der Vater sein kann –, beauftragte eine eigens dafür geschlossene Zentralbehörde, die *Reichsstelle für Sippenforschung*, in strittigen Fällen anerkannte Forschungsinstitute [in Berlin, Breslau, Frankfurt am Main, Hamburg, Jena, Königsberg, Leipzig, Wien] und mit den anthropologischen Gutachten. Oft fehlte hinreichendes Beweismaterial, und so wurden Analysen anhand einer einzigen Ahnenphotographie angefertigt. Wenn die Verwandschaft sich geographisch verstreut hatte, wurden die Untersuchungen an verschiedenen Instituten durchgeführt. Mehrere tausend strittige Fälle ließen ein solches anthropologisches Gutachten notwendig werden. Es wurde jedesmal mit aller »Objektivität« angefertigt, und zwar vor allem, um dem Zweifel mancher Richter an einem »Beweismaterial« zu begegnen, das häufig auf der Wahrscheinlichkeit und allzu vagen Beschreibungen gründete.[27]

Zu den technischen Schwierigkeiten der Erkennung und Erfassung eugenischer Zusammenhänge trat das Problem, eine Rassentrennung wissenschaftlich zu legitimieren. Das neue Regime konnte sich auf diesem Gebiet nicht auf Hochschullehrer und Forscher von Rang berufen. Es entwickelte daher eine Forschungspolitik, die darauf zielte, die neue rassische Klassifikation der deutschen Bevölkerung wissenschaftlich abzusichern. So wurde eine Forschungsabteilung zur »Judenfrage« am 1936 eröffneten »Reichsinstitut für Geschichte des Neuen Deutschland« in München eingerichtet. Dieses Institut sollte historische Untersuchungen fördern sowie alle in den jüdischen Gemeinden beschlagnahmten Bibliotheken und Archive zentralisieren, um die »emotionalen« Ansätze mit religiöser Konnotation durch einen wissenschaftlich begründeten Antisemitismus zu ersetzen. Zu diesem in der Nähe der Universität München gelegenen Staatsinstitut kamen bald konkurrierende Einrichtungen: In Berlin entstand das durch Goebbels' Propagandaministerium finanzierte »Institut zur Erforschung der Judenfrage« 1938; in Frankfurt wurde 1941 ein drittes Institut geschaffen, das unmittelbar Alfred Rosenberg, dem Parteiideologen und späteren Reichsleiter für die besetzten Ostgebiete, unterstellt war. Über diese direkt den Ministerien und den verantwortlichen Instanzen der Partei zugeordneten Institute hinaus wurde 1939 von antisemitischen protestantischen Zirkeln das »Institut zur Erforschung des jüdischen Einflusses auf das deutsche kirchliche Leben« gegründet. Sein Erfolg war begrenzt – was sicherlich auch auf den Argwohn der für die Rassenpolitik verantwortlichen Parteiinstanzen[28] zurückzuführen ist.

Mit der Politik der Institutsgründungen sowie durch die Förderung der historischen, juristischen, politischen, anthropologischen und medizinischen Forschung hoffte das Regime, die Universitäten für sein Projekt der Weltveränderung zu gewinnen. Die daraus entstehende Begegnung zwischen einem politischen Programm und den eingestandenen oder geheimen Hoffnungen zahlreicher Wissenschaftler wurde durch folgenden Vorschlag unterstrichen: »Es ist ein besonderes und seltenes Glück für eine an sich theoretische Forschung, wenn sie in eine Zeit fällt, wo die allgemeine Weltanschauung ihr anerkennend entgegenkommt, ja, wo sogar ihre praktischen Ergebnisse sofort als Unterlage staatlicher Maßnahmen willkommen sind.«[29]

Auf diese Weise entstand im Umkreis der Gesetze, die zur Bevölkerungspolitik und zur rassischen Reinheit verabschiedet worden waren, ein reiches Betätigungsfeld. In einer frühen Phase, in der noch Bedenken hinsichtlich ihrer Legalität bestanden, trugen Historiker zur Legitimierung dieser Politik bei. Psychiater und Anthropologen agierten im Sinne der traditionellen Definition, die dem Fachmann

33

im Rahmen eines begrenzten Auftrags eine technische Rolle in administrativen und juristischen Divergenzen und Streitfällen verleiht.[30] Später und insbesondere während des Krieges erlaubte der vage Charakter ihres juristischen Mandats diesen Fachleuten eine Erweiterung ihres Aufgabenbereichs, wodurch ihre Macht wuchs.

EINE CHANCE FÜR DIE
»ANGEWANDTE BIOLOGIE«

Die dem Gedanken der »Rassenhygiene« immanente wissenschaftliche Utopie, die menschliche Gattung lasse sich biologisch verbessern, schien sich mit dem Nationalsozialismus einer endgültigen Verwirklichung zu nähern. Nachdem die in diesem Projekt engagierten Wissenschaften einer komplexen Gesetzgebung die Argumentation geliefert hatten, erweiterten sie ihr Betätigungsfeld erheblich. Doch war nun der Nationalsozialismus die ideologische Triebkraft dieser Wissenschaften, oder verwirklichten sie unter dem Nationalsozialismus ihre eigenen Visionen? Auf diese Frage gibt es keine eindeutige Antwort. Ilse Schwidetzky führt das rasche Wachstum des Faches zwischen 1933 und 1943 unter der Bezeichnung »Rassenbiologie und Hygiene« auf die Berufung von Nicht-Fachleuten und Parteiideologen auf Universitätsposten zurück.[31] Sie hat damit sicher recht. Doch eingedenk der Tatsache daß neun Fachleute und zehn Nicht-Fachleute auf die entsprechenden Lehrstühle berufen wurden, bleibt auch das Wachstum der »seriösen« Disziplin beeindruckend. Sie konnte ihren Personalbestand mehr als verdoppeln. Hinzu kommt, daß sich zwischen den »seriösen« Wissenschaftlern und den eigentlich fachfremden Ideologen, so wie sie von Ilse Schwidetzky unterschieden werden, eine funktionelle Arbeitsteilung entwickelte – und keine Rivalität, die auf eine Hegemonialkontrolle des Faches durch eine der beiden Gruppen gezielt hätte.

Während die »Ideologen« wie Hans F. K. Günther sich der Vulgarisierung und Propaganda widmeten, wurden die Wissenschaftler zu Ingenieuren und Technikern, die sich um die Übersetzung der neuen Gesetze in die Wirklichkeit bemühten.

Zwischen den Ideologen auf der einen, den Ingenieuren und reinen Wissenschaftlern auf der anderen Seite fand sich kaum Platz für einen dritten Weg. Die Rassenforschung in der Tradition der Untersuchungen Eickstedts gewann daher bei den Verwaltern der Forschungsmittel nur wenig Veständnis. Das von Eickstedt eingereichte Projekt einer erschöpfenden rassischen und kulturellen Bestandsaufnahme der deutschen Landschaften wurde – mit Ausnahme der in Schlesien durchgeführten Untersuchung – nie realisiert. Ein solches, übrigens sehr kostspieliges Unternehmen hätte kaum praktische Auswirkungen auf Verfahren zur Erkennung der individuellen Rassenzugehörigkeit gehabt, auf die nicht verzichtet werden konnte, sollte die Gesetzgebung von 1935 verwirklicht werden. Gleiches traf auf einige Projekte aus der »Rassenpsychologie« zu, die den Lehren Ernst Kretschmers verpflichtet waren und eine Verbindung zwischen der morphologischen Struktur des Körpers und derjenigen des Charakters postulierten.

Es überrascht daher nicht, daß sich zur Beantwortung von Forschungsmitteln Bündnisse bildeten, die sogar scheinbar extreme Gegensätze innerhalb des Fachgebietes überbrückten. Dazu gehört die Zusammenarbeit zwischen dem Anthropologen Fischer, der zu jener Zeit ein gewisses wissenschaftliches Renommee besaß, und dem Schriftsteller Günther, der von der nationalsozialistischen Verwaltung Thüringens schon 1930 auf einen Lehrstuhl für Anthropologie berufen worden war.[32]

Ein solches Bündnis zwischen Vertretern des Faches, die in völlig entgegengesetzten Richtungen arbeiteten – philosophisch-literarisch der eine, methodisch der andere –, erstaunt nur auf den ersten Blick. Denn eine solche Konstellation innerhalb einer Disziplin dokumentiert ein Stadium ihrer Entwicklung, in der ihre Geltung an den Universitäten noch relativ gering ist, doch gleichzeitig von großen Hoffnungen auf einen praktischen Nutzen getragen wird. Seit Beginn des Jahrhunderts hatte die Eugenik ihre öffentliche Anerkennung und Professionalisierung mit einer doppelten Strategie verfolgt: So entstanden parallel sehr allgemeine Zukunftsversprechen und eine Reihe praktischer Vorschläge – seien es Erbgesundheitszeugnisse, Sterilisationen oder eugenische Abtreibungen. Diese für den Erfolg der Disziplin so wirksame Arbeitsteilung wurde, nachdem die soziale Bedeutung des Faches einmal anerkannt war, eher stärker als schwächer.

Wenn man berücksichtigt, über wie wenig Personal diese wissenschaftliche Fachrichtungen auf der Suche nach einem Sozialprestige und ihren potentiellen Anwendungsgebieten verfügten, sind eine solche Arbeitsteilung zur Förderung des Faches und das Ausbleiben von Konflikten zwischen Vertretern verschiedener Ansätze eher verständlich. In der Anthropologie gab es 1933 weniger als zehn Lehrstühle. Das Fachgebiet »rassische Biologie und Hygiene« zählte nicht mehr als einige Dutzend Hochschullehrer. Hinzu kamen sympathisierende Psychiater aus den Kliniken. Dieses Kräfteverhältnis zwischen den Wissenschaftlern sowie ihren immer weiter institutionalisierten Verbindungen zur politischen Gewalt schuf ihre eigenen Notwendigkeiten und Wirkungen. Die permanente Rechtfertigung der Disziplin in bezug auf ihre Nützlichkeit zog größere Versprechen nach sich und hatte eine Konzentration der Forschung auf die Perfektionierung des methodischen Instrumentariums zur Folge – etwa zur Erkennung verschiedener rassischer Minoritäten.

Die Identifikation von Geisteskranken und Asozialen sowie die ihrer Sterilisation vorausgehenden Prozeduren hatten der Psychiatrie Arbeitsmärkte geöffnet. Dazu gehörten neue Bereiche der Forschung – wie beispielsweise eine Nomenklatur für die Symptomatologie oder die Techniken der Sterilisation. Die Anthropologie befand sich angesichts einer Gesetzgebung, die Ehen zwischen »Ariern« und »Juden« verbot und letztere von zahlreichen Berufen ausschloß, in einer vergleichbaren Position. Diese Gesetze verlangten die Ausarbeitung anthropologischer Gutachten. An ihnen kristallisierten sich Forschungsstrategien sowie eine Professionalisierung von Fachleuten für »Rassenbiologie und Rassenhygiene«.

VON DER MACHT DES GUTACHTENS ZUR INSTITUTIONALISIERTEN MACHT

Nachdem einmal – am gemeinsamen Projekt einer Rassenpolitik – eine starke Verbindung zwischen der politischen Gewalt und der Wissenschaft etabliert war, mußte der erworbene Einfluß definiert und stabilisiert werden: »So stehen wir heute an einer Wende zu einer neuen Zeit. Rassenkunde und somit Rassenbewußtsein hatten eine neue Weltanschauung herbeiführen können [...] Der Mensch selbst erkennt die Lebensgesetze, die ihm im einzelnen wie in der Gesamtheit abwandeln; und der nationalsozialistische Staat nimmt sich endlich das Recht, soweit es in seiner Macht steht, den Gang der menschlichen Weiterentwicklung so zu beeinflussen, wie es das Wohl von Volk und Staat verlangen [...] Die neue weltanschauliche Einstellung unseres Volkes hat dazu geführt, daß Ergebnisse wissenschaftlicher Forschung genützt werden, die einer früheren Regierung entweder gleichgültig oder ein Ärgernis waren.«[33]

Nach den Richtlinien der großen Forschungsinstitute der Kaiser-Wilhelm-Gesellschaft wurden Aus- und Fortbildungskurse in theoretischer und praktischer Eugenik für Ärzte, Beamte und Verwaltungskräfte von Fachinstituten organisiert. Unter dem Druck und zweifellos unter aktiver Mitarbeit von Psychiatern, Ärzten und Anthropologen wurde der Anwendungsbereich des Gesetzes gegen das Gewohnheitsverbrechertum zunehmend erweitert und um neue Kategorien von »Asozialen« ergänzt. Letztlich bedeutete das eine Verurteilung zur Internierung im Konzentrationslager. Ab 1936 – dem Jahr der Verkündung des Vierjahresplans zur Vorbereitung der Kriegswirtschaft – galten als »asozial« alle jene, die sich durch unangepaßtes und »gemeinschaftsfremdes« Verhalten auszeichneten. So wurde – mit dem Wohlwollen und der Ünterstützung der Rassenhygieniker verschiedener intellektueller Provenienz – über die bereits seit 1934 bekämpften Gruppen hinaus den Zigeunern, den Homosexuellen und den religiösen Sekten der Krieg erklärt.

Unmittelbar nach den Olympischen Spielen in Berlin – die noch an eine gewisse Öffnung des Regimes glauben ließen – verstärkte sich die Unterdrückung aller als »minderwertig« betrachteten Personen. Die Internierung von Homosexuellen wurde auf der Grundlage einer einfachen Denunziation und ohne Prozeß möglich.[34] Finanziert durch die »Deutsche Forschungsgemeinschaft« begann der Psychiater Ritter Ende 1936, im Rahmen der Zentralverwaltung des Gesundheitswesens, mit einem Forschungsprojekt über Zigeuner. Der Titel dieser Untersuchung, »Asoziale und die Biologie der Bastarde [Zigeuner, Juden]«, bezeichnet ihre praktische Ausrichtung, das heißt den Anspruch, zur Erkennung und Erfassung dieser Gruppen beizutragen.

Psychiater und Anthropologen unterstützten jede neue Repressionsmaßnahme. Sie taten alles, um auf dem Gebiet der Rassenpolitik konkurrenzlos zu bleiben: Ab 1937 schlug O. von Verschuer den Machthabern praktische Maßnahmen zur Erkennung von Juden und Mischlingen vor.

1938 diskutierten Experten eine Neuformulierung der Gesetze gegen die »Asozialen«, ohne den geringsten Zweifel daran zu lassen, daß sie die juristische Form mit einer Realität in Übereinstimmung bringen wollten, die den Text bereits hinter sich gelassen hatte. Die Euthanasie an »unheilbar Geisteskranken«, von Psychiatern bereits 1920 gefordert, wurde vertraulichen Berichten zufolge in den Anstalten in geradezu wüster Weise praktiziert. Um sich von ihren Gewissensproblemen befreien zu lassen, bestanden die Psychiater auf einer Gesetzgebung, die die »Vernichtung lebensunwerten Lebens«[35] zum Inhalt haben sollte.

In den Verfahren, die der Sterilisation und später der Euthanasie vorausgingen, hatten die Psychiater das letzte Wort. Auf dem Gebiet der für Eheschließungen, für das Berufsleben und die soziale Integration wichtigen »rassischen und erbbiologischen Gutachten« konnten dagegen »nicht spezialisierte« Richter Entscheidungen fällen, ohne anthropologische Gutachten über die Ähnlichkeiten morphologischer Merkmale systematisch hinzuziehen zu müssen. Im Rahmen des Beweisverfahrens setzten die Gerichte oft diverse Zeugen mit Sachverständigen gleich. Mehr noch: durch keine berufliche Qualifikation wurde geregelt, wer den Gerichten in Verwandschafts- oder Abstammungsverfahren als Sachverständiger beigeordnet werden konnte.[36] Von daher ist zu verstehen, warum die Anthropologen über die offiziell zugelassenen Verfahren und Institutionen hinaus auf einem Verbot der »Privatgutachten« insistierten. Durch diesen Vorschlag, der durch die große Zahl von Meineiden in Vaterschaftsprozessen gerechtfertigt wurde, versuchten die »Fachwissenschaftler«, für die Erb- und Rassenbiologie einen privilegierten oder gar exklusiven Platz im Rahmen der Beweisverfahren[37] zu erobern.

1939 versammelten sich die Anthropologen auf einem Kongreß in München und forderten dort eine schnelle Professionalisierung, um »die Schäden, die betrügerische Gutachten schaffen können«, zu verhindern. Alle bekannten Hochschullehrer und ihre Assistenten nahmen in Gegenwart der Verantwortlichen für die Rassenpolitik von Partei und Staat daran teil. Die Beschlüsse dieses Kongresses betonten die Notwendigkeit einer besseren Kontrolle der Ausbildung, der Betreuung des Nachwuchses sowie der Aufgaben, mit denen in Verwaltung und bei Gericht tätige Sachverständige betraut wurden – eine medizinische und anthropometrische Ausbildung genügte nicht mehr. Daher wurde eine dreijährige spezielle Fachausbildung – wie die in den anderen Sparten der Medizin – vorgeschlagen. Entsprechend sollten nur solche Fachleute, die über diese Ausbildung verfügten, von den Gerichten als Sachverständige zugelassen werden.

Diese Strategie der Professionalisierung zielte auf die absolute Kontrolle über die Ausbildung, die Heranbildung des Nachwuchses und die Berufspraxis der entsprechenden Sachverständigen. Damit wurde Anspruch auf eine zentrale Position innerhalb des nationalsozialistischen Staates erhoben. Denn dieser Staat legitimierte sein politisches Projekt mit einer Rassentheorie. Die darauf spezialisierten Wissenschaftler forderten daher einen Platz, eine zentrale Aufgabe in der Verwirklichung dieses Projektes. Eine solche Aufgabe war nicht darauf beschränkt, »minderwertige« Lebewesen auszuschließen: Die Experten machten ihren Einfluß auch in der Rekrutierung der Eliten des Staates, der Partei sowie der Elite der Elite, der SS, geltend. Denn je weiter man in der Hierarchie nach oben stieg, desto strenger wurden die Anforderungen an rassische Reinheit. Die Gutachten der Rassenbiologie sind daher gleichermaßen eine Voraussetzung für die Karriere wie eine Bedingung für den Zugang zu Prestige, Einfluß und Macht in der sozialen Organisation des Nationalsozialismus.

Diese sehr reelle Macht verlieh den Rassenbiologen eine entscheidende Rolle in der Verwaltung nicht nur der Probleme, die eine jede Kategorie von »minderwertigen« Lebewesen stellte, sondern auch in der Auswahl der Eliten und in der Konzeption des Organisationsrahmens für die gesamte Gesellschaft. Sie nahm in den Verfahren zur Erfassung und Verwaltung der gesamten Bevölkerung Gestalt an. Sie wurde von Spezialisten vorangetrieben, denen nach wie vor daran gelegen war, ihre »Kompetenz« weiter auszudehnen – wobei unter Kompetenz ein Fachgebiet verstanden wurde, dessen Beherrschung ihnen kraft Gesetz zugesichert war.

WISSENSCHAFTLICHES ENGAGEMENT IN KRIEGSZEITEN

Der Krieg im Osten verdeutlichte in grausamer Weise die Kräfteverhältnisse zwischen Wissenschaft und Politik, die in Friedenszeiten geschaffen worden waren. So erschienen die Kriegsjahre zwar einerseits als das Goldene Zeitalter der angewandten Rassenbiologie. Doch andererseits versetzten die dem Kriege immanenten Anforderungen an Produktivität diese Disziplin in eine Situation, die sie nur unter Schwierigkeiten selbst kontrollieren konnte. Bis 1939 befand sich die Rassenbiologie in einer Position der Stärke – auf Grund ihrer Bedeutung für die Eugenik und die Rassenreinheit, aber auch, weil sie über die Verteilung des Prestiges verfügte und den Zugang zu den Machtstellungen innerhalb des nationalsozialistischen Sozialsystems kontrollierte. Ihre Vertreter konnten diese Macht gewinnen, da sie nicht nur über eine vielversprechende Theorie verfügten, die sich in Übereinstimmung mit der Ideologie des Regimes befand, sondern auch über eine Methodik zu deren Verwirklichung. Schon vor dem Krieg hatte die eugenische Praxis das, was auf diesem Fachgebiet an Kenntnissen gesichert war, hinter sich gelassen. Die Kategorisierung bestimmter Krankheiten sowie gewisser Formen abweichenden Verhaltens als »erblich« hatte daher mehr vage Hypothesen als ernsthafte Forschungen zur Grundlage. Doch reichte in diesem Fall der Konsens aus. Und die Verweise auf ähnliche eugenische Gesetzgebungen im Ausland waren überzeugend genug, um die entsprechenden Definitionen und Praktiken als unter Fachleuten allgemein anerkannte Auffassungen erscheinen zu lassen.

Die Institutionalisierung der Rassenbiologie schuf sich dabei in zunehmendem Maße ihre eigenen Zwänge. Um ihre soziale Position – und zwar vor allem in bezug zu den anderen Wissenschaften – aufrecht erhalten und, wenn möglich, verbessern zu können, mußte sie ihre Versprechen auf Anwendbarkeit vermehren und ihren praktischen Nutzen vergrößern. So näherten sich die Forschungsorte den Zentren der politischen Macht, insbesondere die SS-eigenen Institute. Das wiederum führte zu medizinischen und wissenschaftlichen Karrieren in den Eliteorganisationen des Reiches. Ohne daß die begrifflichen Schwächen der Rassenbiologie geklärt wurden, trugen ihre Fachvertreter dazu bei, die radikalsten Absichten des nationalsozialistischen Rassismus wissenschaftlich zu legitimieren. Der soziale Erfolg der Disziplin ließ Zwänge entstehen, die sie endgültig und unwiderruflich zur Gefangenen der Politik werden ließ. Daß Wissenschaftler, die sich 1935 der nationalsozialistischen Definition einer »jüdischen« Rasse widersetzt hatten, vom Regime ausgeschaltet wurden, nahm nur voraus, was während des Krieges zur Bedingung wurde: eine aktive Teilnahme an allen im Namen der Rassenpolitik begangenen Verbrechen.

Noch 1939 konnten die Anthropologen eine gründlichere Ausbildung und eine stärkere Kontrolle der Prüfung rassischer Zugehörigkeit unter Verweis auf die wissenschaftliche Objektivität fordern. Mit dem Beginn des Krieges im Osten verlangte indessen der Staat schnelle Verfahren zur rassischen Einteilung ganzer Völker. Die Wissenschaftler ließen widerspruchslos eine Lockerung der gerade zuvor definierten Qualifikationsanforderungen für den Beruf des Anthropologen zu. Der Krieg eröffnete dem Studium »minderwertiger Lebewesen« – seien es Juden, Zigeuner,

Slawen ... – ein nahezu unbegrenztes Feld für empirische Untersuchungen, für die Anwendung von Techniken der Erkennung und Administration. Im Reich selber wuchsen mit dem Krieg die Verwaltungsprobleme, die durch die »Asozialen« entstanden. Den kühnsten Vertretern des Fachs »Rassenbiologie und Rassenhygiene« erlaubte der Kriegszustand Praktiken, die die herrschende Moral in Friedenszeiten nicht zugelassen hätte. Und jedesmal versicherte man sich der Kontrolle durch Fachleute, handelte es sich nun um die Euthanasie an Geisteskranken in den psychiatrischen Anstalten oder in Konzentrationslagern während der Jahre 1939 bis 1941, um die »Endlösung«, das heißt die massive Vernichtung von Juden und Zigeunern nach 1941[38], oder um die Klassifikation der slawischen Bevölkerung in vier Gruppen nach Maßgabe der rassischen und anthropologischen Möglichkeiten ihrer Germanisierung. Die Berichte, die den für die besetzten Ostgebiete verantwortlichen Ministerien und SS-Instanzen vorgelegt wurden, lassen keinen Zweifel daran, daß – abgesehen von der Gruppe der »Germanisierbaren« in der slawischen Bevölkerung – den Slawen die Sterilisation und ein Leben als Sklaven bevorstand. Für die Kategorisierung von Millionen Menschen konnten indessen so zeitaufwendige Verfahren wie individuelle Merkmalsdiagnosen im Rahmen der von der Anthropologie entwickelten Rassenformeln, realistisch betrachtet, nicht in Frage kommen. Zur Durchführung dieser praktischen Arbeit waren die Anthropologen bereit, von ihrer Forderung nach einer dreijährigen Fachausbildung abzugehen. In drei Wochen wurden die zukünftigen »Eignungsprüfer« von Hochschullehrern mit den Elementarbegriffen der Genetik und der Anthropologie bekannt gemacht, bevor sie in polnische Regionen geschickt wurden, um dort ihre Klassifikationsarbeit zu leisten.[39]

Die Grobauswahl der Weltbevölkerung mußte an Nicht-Fachleute, an haufenweise ausgebildete »Prüfer« abgegeben werden. Gewissermaßen als Entschädigung war die »Feinauswahl« der Arbeitsfähigen in den Konzentrationslagern mit Wirkung vom 3. März 1943 nur promovierten Ärzten vorbehalten. Sie verteidigten diese Aufgabe, dieses Vorrecht eifersüchtig gegen andere SS-Angehörige, die nicht über dieselben Qualifikationen verfügten.[40]

An der »Heimatfront«, in einem Deutschland, das dabei war, sich von Juden und Zigeunern, also von seinen Bastarden, zu »reinigen«, richtete sich die Diskussion auf eine neue Definition des »Asozialen«. Diese galt es zu kontrollieren, auszuschließen, zu internieren und zu vernichten. In der Vorlage zu einem »Gesetz gegen Gemeinschaftsfremde«, das von den am meisten regimefreundlichen Psychiatern unterstützt wurde, waren Sterilisation, Zwangsarbeit und Konzentrationslager für all jene vorgesehen, die »untauglich« oder »gemeinschaftsfremd« waren.[41]

Die psychopathologischen Vorstellungen, die im juristischen System des Nationalsozialismus die Klassifikation der Minderwertigkeit begründeten, erreichten 1943 ihren Höhepunkt: Pathologisch – und das heißt immer auch erblich pathologisch – wurde nun lediglich durch das Vermögen definiert, sich in die Gemeinschaft einzufügen. Diese Entwicklung der Definitionen verrät gewissermaßen die verborgenen Absichten der Erb- und Rassentheorie – in jedem Fall aber die Absichten, die der Nationalsozialismus mit ihrer Anwendung verfolgte. Das heißt: eine Rechtfertigung der absoluten sozialen Willkür.

Gleichzeitig bemühte sich die Grundlagenforschung darum, einen endgültigen Beweis der Theorien zu liefern, die diesem ganzen System der Unterdrückung als Referenz dienten, und die zu ihrer Verwirklichung notwendigen Verfahren zu etablieren. In diesen Arbeiten wurde versucht, die Erbgesetze ausgehend von zwei »exakten« Forschungsrichtungen der Anthropologie aus der Zeit vor 1930 zu entdecken: Gemeint sind die vor allem in der Umgebung von Fischer im Rahmen des Mendelschen Paradigmas unternommenen Forschungen sowie die im Kreise von Verschuers durchgeführten Untersuchungen an Zwillingen. Diese Forschungen zur Humangenetik wurden mit Unterstützung der DFG im Kaiser-Wilhelm-Institut in Berlin durchgeführt und nach der Pensionierung von Fischer von von Verschuer geleitet. Das empirische Programm dieser Arbeiten unterstand seinem Assistenten Dr. Mengele in Auschwitz, dem dort ein reiches Material an Zwillingen zur Verfügung stand.[42] Kurz vor der Befreiung des Lagers durch sowjetische Truppen sagte Mengele zu Ella Lingens-Reiner, einer internierten österreichischen Ärztin: »Wie schade, daß all dieses [wissenschaftliche Material] in die Hände der Bolschewiken fällt!«[43] Der Ring ist damit in gewisser Weise geschlossen: Die Wut der Klassifikation und die Gier nach Reinheit des Erbgutes, diese Momente, ohne welche diese Rassentheorie nicht denkbar wäre, fanden ihre Vollendung in den Konzentrationslagern: dort, wo die wissenschaftliche Elite am Vorabend des militärischen Untergangs verzweifelt versuchte, jene Theorien zu beweisen, die das Projekt der rassischen Umgestaltung der Menschheit inspiriert hatten.

DAS GUTACHTEN: EINE BEDINGUNG DER MÖGLICHKEIT

Das Recht ist Sozialtechnologie par excellence.[44] Indem es das Recht definiert, versucht das politische Handeln, die Realität zu formen und zu verwandeln. Wenn Veränderungen praktisch werden, so resultiert das aus den Handlungen der Bürokratie, aus der juristischen Praxis und – in dem Maße, wie die Auslegung des Rechts Probleme aufwirft – aus wissenschaftlichen Gutachten. Der bewußt dynamisch ausgelegte Charakter und die begriffliche Indifferenz der nationalsozialistischen Gesetze zur Erbgesundheit, zum Gewohnheitsverbrechertum, zu den Asozialen, zur Staatsbürgerschaft und zur Rassentrennung sollten Interpretationen erlauben, die sich an der Entwicklung der Mentalitäten und der Expertenmeinungen bemaßen.

In diesem Sinne verlieh die äußerste Beschränkung der Möglichkeiten, nach einem entsprechenden Urteil in Revision zu gehen, wie auch die außerordentliche Bedeutung, die Psychiatern und Erbbiologen in administrativen und juristischen Verfahren zugestanden wurde, diesen Experten einen Konkurrenzvorteil: Im Kampf um die Hegemonie in einer Rassenpolitik, die den Mittelpunkt im Sozialwesen des nationalsozialistischen Staates bildete, besaßen sie ein entscheidendes Privileg.

In ihren Anfängen hatte die Rassenpolitik – in einer kollektiven und manchmal kontrovers geführten Anstrengung – alle in diesem Arbeitsbereich tätigen Funktionäre und Wortführer geeint. Ihnen wurden Vollmachten verliehen – und diese mußten nicht institutionell sein –, um in einer durch Theorie und Praxis bestimmten Weise auf Probleme zu reagieren, die durch die Verwaltung von Gruppen aufgeworfen wurden, die als »minderwertig« betrachtet wurden: In diesen Kreis gehörten einige Ministerien, Verwaltungen sowie die betroffenen Berufsgruppen, die Richter, die Psychiater usw. Das Kräfteverhältnis zwischen diesen Agenten der Rassenpolitik verschob sich dabei zunehmend zugunsten der Experten aus der Medizin, der Psychiater und Rassenbiologen – wobei insbesondere die Macht der Juristen schwand. Der Kampf gegen die »Asozialen«, die Homosexuellen und die »Bastarde«, nämlich die Juden und Zigeuner, führte ab 1936 immer weiter aus dem Geltungsbereich der Rechtsprechung hinaus. So sollte etwa 1938 ein Gesetz gegen die »Asozialen« deren Sterilisation und Internierung in einem Konzentrationslager legalisieren, wozu nur eine Entscheidung von zwei Fachärzten und einem einfachen Polizeibeamten verlangt werden sollte. Noch 1933/34 mußten die Gutachten zweier Ärzte noch einem Richter vorgelegt werden.[45]

Während der ersten Jahre konnten die Machthaber – die dabei mit der Zeit, aber auch mit der Anziehungskraft der Macht kalkulierten – noch Kontroversen zwischen den Schulen und Methoden tolerieren. Deren Spuren sind in juristischen, medizinischen und anthropologischen Zeitschriften zu finden. Die relative Unabhängigkeit, die diesen Debatten gelassen wurde, konnte nur die Illusion fördern, die jedes einzelne Mitglied dieser Berufsgruppen glauben ließ, noch über einen gewissen Handlungsspielraum, über eine Bewegungsfreiheit zu verfügen. Das Regime verminderte dann die Möglichkeiten oppositioneller Richtungen, sich innerhalb dieser Berufsgruppen zu organisieren. Es verfügte über eine Vielzahl von Mitteln, die Diskussionen im gewünschten Sinne zu beeinflussen: sei es die Schafffung von Instituten, die Ernennung von

Professoren, die Bewilligung von Forschungsmitteln usw. Indem das Regime also zahlreiche Möglichkeiten einer beruflichen Laufbahn eröffnete, setzte es das »wohlverstandene Interesse« der beteiligten Akademiker voraus, nämlich das Karrierestreben.

Im ersten Stadium war eine Zusammenarbeit zwischen Justizapparat und sachkundigen Fachwissenschaftlern notwendig. Dadurch entstanden in ausreichend großem Umfang ideologische Affinitäten und Sympathien. Auf sie konnte das neue Regime in diesen Berufsgruppen rechnen. Doch wichtiger war noch, daß jene Zusammenarbeit sich in den Arbeitsroutinen dieser Berufe etablieren konnte. Indem der Richter sich auf seine spezifische Aufgabe beschränkte, tat er nichts anderes, als ein Gesetz und die Erlasse zu dessen Auslegung anzuwenden – mit Hilfe wissenschaftlicher Gutachten, die ihm von Psychiatern, Biologen und Anthropologen geliefert wurden. Er führte also lediglich die ihm geläufigen praktischen Aufgaben aus, ohne sich gezwungen zu sehen, die Motive am Ursprung eines solchen Gesetzes gutzuheißen. Nach dieser Logik mußte er sich um die möglichen Folgen seiner Tätigkeit keine Sorgen machen.

Nachdem der gesetzgeberische Rahmen einmal definiert war, konnten sich die politisch Verantwortlichen damit begnügen, die beteiligten Berufsgruppen nach den ihnen gewohnten Routinen agieren zu lassen. Die politische Gewalt erwartete von ihnen, daß sie gemäß ihrer formellen Kompetenzen handelten. Sie forderte kein Bekenntnis des Glaubens oder der Treue. Indem sie die ihren jeweiligen Arbeitsgebieten zugehörigen Verfahren anwandten, konnten die Bürokraten, Richter und Wissenschaftler das Gefühl haben, normal zu handeln. Dadurch stärkten sie die Legitimität des Regimes. Man erkennt darin einen besonders exemplarischen Fall dessen, was Luhmann das moderne Modell der Legitimation genannt hat – der Legitimation, die durch das schlichte Respektieren des Verfahrens verläuft.[46] Dieser Modus der Legitimation befreit jeden Agenten der Macht – ganz individuell gesehen – von aller Notwendigkeit, sich zu rechtfertigen, wie von allem Gefühl der Verantwortung für die Folgen seiner Tätigkeit. Denn er ist nicht mehr als ein winziges Glied innerhalb der Verfahren, welche die Wirklichkeit verwalten.

Wenn die Rolle von Gutachten und von bestimmten Berufsgruppen solchermaßen als Bedingung der Möglichkeit von nationalsozialistischer Rassenpolitik verstanden wird, erhellt sich die aktuelle Kontroverse zwischen den Anhängern der »funktionalistischen« und denen der »intentionalistischen« Hypothese zur Entwicklung dieser Politik.[47]

Die »Funktionalisten« heben die fortschreitende Etablierung von wenig miteinander abgestimmten Maßnahmen hervor, welche von der Beendigung der Emigrationspolitik – bei Kriegsanfang – bis zur »Endlösung« reichen. Sie erklären die Entwicklung eher mit der Konkurrenz zwischen staatlicher Verwaltung und Parteiinstanzen als mit einem eindeutigen, seit langem konzipierten politischen Plan. Die »Intentionalisten« ihrerseits unterstreichen den systematischen Charakter des Genozides, der von vorneherein beabsichtigt gewesen sein soll. Der Holocaust erscheint daher gewissermaßen als der abschließende Erfolg einer Ideologie, die auf einer tausendjährigen Tradition gründet.

Unserer Analyse zufolge könnten diese beiden sich widersprechenden Hypothesen sehr wohl zwei einander komplementäre Thesen darstellen.[48] Das Gesellschaftsprojekt des Nationalsozialismus – das heißt die systematische Umgestaltung der Gesellschaft nach dem Kanon einer »Rassentheorie«, die durch anthropologische, psychiatrische und eugenische Forschungen inspiriert war – nimmt seinen Ursprung in einer ideologischen Strömung, die in Deutschland seit dem Ende des 19. Jahrhunderts unter dem Namen »Rassenhygiene« geläufig war. Die Vertreter der »Rassenhygiene« schlugen unter Berufung auf die Klassiker der Eugenik und insbesondere Galton die Möglichkeit einer geplanten Bevölkerungspolitik vor. In ihren Augen sollte der Staat die Verantwortung und die Macht haben, Geburt wie Tod seiner Bürger zu kontrollieren – im Namen der Rassenreinheit und der Eliminierung erblicher Mängel. Ausgehend von einem solchen Gesellschaftsprojekt verabschiedeten die Nationalsozialisten jene aufeinanderfolgenden Gesetze, die sich auf ganz verschiedene Bereiche bezogen: auf die Sterilisation von Erbkranken, die Kontrolle von Kriminellen, die man nach »medizinischen« Kriterien als nicht resozialisierbar ansah [1933], auf die Erbgesundheit wie auf die Rassenreinheit [1935].

Die »Modernität« der nationalsozialistischen Rassenpolitik wurde durch den Modus ihrer Legitimation geschaffen: durch die stete Bezugnahme auf wissenschaftliche Lehren und ihre juristische Verwendung in Form von Gutachten. Wenn heute der irrationale und irrige Charakter der Rassentheorien jener Zeit erkannt wird, kann und darf dadurch nicht die Tatsache verborgen werden, daß die Rassentheorien – teilweise oder vollständig – von einer nicht zu vernachlässigenden Anzahl von Hochschullehrern gebilligt wurden. Diese waren nicht grundsätzlich öffentlich agierende Ideologen des Nationalsozialismus oder Parteimitglieder. Die besonders gewalttätige und tödliche Form des nationalsozialistischen Antisemitismus ist daher im Verhältnis zu einer Politik eugenischer Planung zu betrachten, deren Ziel die rassische Verbesserung der Bevölkerung und die Eliminierung aller biologisch »minderwertigen« Wesen war.

Wenn einer Rassentheorie mit einem wissenschaftlichen Anspruch ein juristischer Ausdruck verliehen wird, dann werden dadurch die sozialen Spaltungen verstärkt. Sie erscheinen unabänderlich, indem sie in die Ordnung der Dinge eingeschrieben werden. Analysen haben gezeigt, daß die nahezu hysterische Verfolgung von so verschiedenen Gruppen wie Juden, Zigeunern, »Gewohnheitsverbrechern«, »Asozialen« und Homosexuellen im Dritten Reich stets mit deren »biologischer Minderwertigkeit« begründet wurde. Es läßt sich daher die Hypothese formulieren, daß die Genozide an den Juden und Zigeunern – die sich sicherlich auch auf überlieferte Vorurteile stützten – nicht in einem so großen Maßstab hätten begangen werden können, wenn sie sich nicht eine *Legitimation* durch den Umweg über eine *wissenschaftliche, biologische und eugenische Utopie* geschaffen hätten. Dadurch, so wäre fortzusetzen, gab sie sich ein Instrumentarium, das zur Durchführung der Sterilisation und der »Ausmerzung« »minderwertigen« Lebens einerseits, zur geplanten Zeugung von biologisch »hochwertigen« Wesen andererseits notwendig war. Die Geschichte der Wissenschaften, der Justiz und die ihrer Anwendung entspricht daher in ihrer Bedeutung der Geschichte der Politik, der Ideologie und der Mentalitäten, soll verstanden werden, was sich zwischen 1933 und 1945 in der Mitte Europas ereignete.

ANMERKUNGEN

1 Es darf nicht übersehen werden, daß die anthropologischen Lehrbücher durch die Berufung auf eine solche philosophische und literarische Herkunft versuchten, die intellektuelle Wirkung über den engeren Kreis der Fachgelehrten hinaus zu vergrößern. Unter dieser Voraussetzung bemühten sich die Anthropologen zweifellos darum, die öffentliche Meinung zu ihren Gunsten zu beeinflussen. Den praktischen Zielen der Erbgesundheitslehre muß ein solcher Anspruch immanent sein.

2 K. E. Bauer, R. Wagner, *Bericht über die Zusammenkunft einiger Anthropologen*, Leipzig 1861, pp. 2 und 27

3 Zur Entwicklung der Disziplin siehe: I. Schwidetzky, »Die institutionelle Entwicklung der Anthropologie«, in: I. Spiegel-Rösing, I. Schwidetzky, *Maus und Schlange. Untersuchungen zur Lage der deutschen Anthropologie*, München, Oldenburg 1982, p. 86 ff.

4 Vgl. zum Beispiel das Kapitel »Wesen und Unterscheidung des Rassenbegriffs«, in: E. von Eickstedt, *Die Forschung am Menschen*, Stuttgart: Enke 1940 [wiederveröffentlicht 1963], pp. 13–67

5 E. von Eickstedt, »Anlage und Durchführung von rassenkundlichen Gesamtuntersuchungen«, *Zeitschrift für Rassenkunde und ihre Nachbargebiete*, 2, 1935

6 E. Fischer, *Die Rehobother Bastards und das Bastardisierungsproblem bei Menschen*, Jena 1913

7 O. von Verschuer, »Die Umweltwirkung auf die anthropologischen Merkmale nach Untersuchungen an eineiigen Zwillingen«, *Zeitschrift für induktive Abstammungs- und Vererbungslehre*, 37, 1925, pp. 119–122

8 L. Loeffler, »Anwendungen der menschlichen Erbbiologie«, *Handbuch der Erbbiologie des Menschen*, II, Berlin 1940, pp. 310–359; siehe auch die etwa sechzig typologischen Methoden der Anthrometrie in: E. von Eickstedt, *op. cit.*, p. 579

9 H. L. Siemen, *Das Grauen ist vorprogrammiert*, Gießen: Focus 1982, p. 32 f.

10 Ibid.

11 Einer der ersten, die das »Recht auf den Tod« und die »Ausrottung lebensunwerten Lebens« forderten, war A. Jost in *Das Recht auf den Tod*, Sociale Studie, Göttingen 1895; dieselbe Forderung und der Begriff des »wertlosen Lebens« beschäftigte zahlreiche Artikel, die zwischen 1910 und 1913 in der Zeitschrift *Archiv für Rassen- und Gesellschaftsbiologie* veröffentlicht wurden.

12 E. Rüdin, »Über die Vorhersage von Geistesstörungen in der Nachkommenschaft«, *Archiv für Rassen- und Gesellschaftsbiologie*, 20, 1927, pp. 394–407
13 B. Müller-Hill, *Tödliche Wissenschaft*, Reinbek: Rowohlt 1984
14 Zur vergleichenden Geschichte der internationalen Gesetzgebungen, die die Sterilisierung und die eugenische Abtreibung erlaubten, vgl. J. Sutter, »L'eugénique. Problèmes, Méthodes, Résultats«, INED, *Travaux et Documents*, no. 11, Paris, PUF 1950, pp. 123 f. Zu einigen theroetischen Traditionen des eugenischen Gedankens vgl. A. Béjin, »De Malthus à la sociologie. Les formes de prise en considération du liens de sang«, *Revues européenne des sciences sociales*, XXIII, 69, 1985, pp. 121 f.
15 A. Gütt, E. Rüdin, F. Rüttke, *Das Gesetz zur Verhinderung erbkranken Nachwuchses*, München: Lehmann 1934, p. 5
16 *Ibid.*, p. 86
17 R. Gaupp, »Das Gesetz zur Verhütung erbkranken Nachwuchses und die Psychiatrie«, *Klinische Wissenschaft*, 1934, p. 1
18 H. Seidler, A. Rett, *Das Reichssippenamt entscheidet. Rassenbiologie im Nationalsozialismus*, Wien: Jugend und Volk 1982, pp. 66–67; R. Pommerin, *Sterilisierung der Rheinlandbastarde. Das Schicksal einer farbigen deutschen Minderheit*, Düsseldorf 1974
19 H. Seidler, A. Rett, *op. cit.*, pp. 123–125
20 M. Pollak, »Les mots qui tuent«, *Actes de la recherche en sciences sociales*, 41, 1982, p. 25 f.
21 Zu einer vergleichenden Analyse der verschiedenen Ausgaben von E. Bauer, E. Fischer, F. Lenz, *Menschliche Erblichkeitslehre und Rassenhygiene*, München 1923, 1927 und 1936, vgl. H. Seidler, A. Rett, *op. cit.*, pp. 34–35
22 E. Kogon, H. Langbein, A. Rückerl, *Les chambres de gaz. Secret d'Etat*, Paris: Editions de Minuit 1984
23 Vgl. D. Peukert, *Volksgenossen und Gemeinschaftsfremde. Anpassung, Ausmerze und Aufbegehren unter dem Nationalsozialismus*, Köln: Bund 1982
24 Vgl. M. Zimmermann sowie R. Kenrick, G. Puzon, *The Destiny of Europe's Gypsies*, London: Heinemann 1972; H. J. Doring, »Die Motive der Zigeunerdeportation vor Mai 1940«, *Vierteljahreshefte für Zeitgeschichte*, 7, 1959, pp. 418–428
25 Vgl. dazu die Tafeln und ihre Diskussion in M. Pollak, »Interpréter et définir. Droit et expertise scientifique dans la politique raciale nazie«, *Le discours psychanalytique*, 25, 1985, p. 22 f.
26 K. J. Ball-Kaduri, »Berlin wird judenfrei. Die Juden in Berlin in den Jahren 1939–1945«, *Jahrbuch für die Geschichte Mittel- und Ostdeutschlands*, Berlin, Kolloquium 1973, p. 236
27 H. Seidler, A. Rett, *op. cit.*, p. 174
28 Vgl. M. Weinreich, *Hitler's professors. The Part of Scholarship in Germany's Crimes against the Jewish People*, New York 1946, S. 45 ff.
29 E. Fischer in der *Deutschen Allgemeinen Zeitung*, 23. März 1943
30 Ph. Fritsch, »Situation d'expertise et expert-système«, in: *Situations et socialisation des savoirs*, Saint-Etienne, CRESAL, 14–15 mars 1985
31 I. Schwidetzky, *art. cit.*, p. 112
32 E. Fischer, H. F. K. Günther, *Deutsche Köpfe nordischer Rasse*, München: Lehmann 1930
33 H. Weinert, *Biologische Grundlagen für Rassenkunde und Rassenhygiene*, Stuttgart 1934; und Th. Mollison, »Rassenkunde

und Rassenhygiene«, in: E. Rüdin: *Erblehre und Rassenhygiene im völkischen Staat*, München: Lehmann 1934

34 H. Buchheim, »Bearbeitung des Sachgebietes ›Homosexualität‹ durch die Gestapo«, in: *Gutachten des Instituts für Zeitgeschichte*, München 1958, pp. 308–310; R. Lautmann, *Seminar: Gesellschaft und Homosexualität*, Frankfurt: Suhrkamp 1977, pp. 49–67

35 B. Müller-Hill, *op. cit.*, p. 43 f.

36 Zur juristischen Praxis vgl. L. Gruchmann. »Blutschutzgesetz und Justiz. Zur Entstehung und Auswirkung des Nürnberger Gesetzes vom 15. September 1935«, *Vierteljahreshefte zur Zeitgeschichte*, 31, 1983, pp. 235–279; E. Noam, W. A. Kropat, *Juden vor Gericht 1933–1945*, Wiesbaden 1975; V. Reifner, B. R. Sonnen, ed. *Strafjustiz und Polizei im Dritten Reich*, Frankfurt: Campus 1984

37 H. Seidler, A. Rett. *op. cit.*, pp. 175–177

38 E. Kogon, H. Langbein, A. Rückerl, *op. cit.*

39 B. Müller-Hill, *op. cit.*, p. 57 f.

40 R. Höss, *Kommandant in Ausschwitz*, Stuttgart: DVA 1958, p. 158 f.

41 H. I. Siemens, *op. cit.*, p. 16

42 B. Müller-Hill, *op. cit.*, p. 72–73

43 E. Lingens, *Prisoner of Fear*, London: Victor Gollancz 1948, p. 153

44 M. Weber, *Wirtschaft und Gesellschaft I*, Köln: Kiepenheuer & Witsch 1964

45 B. Müller-Hill, *op. cit.*, p. 57 f.

46 N. Luhmann, *Legitimation durch Verfahren*, Neuwied: Luchterhand 1960

47 Zur Diskussion dieser Thesen vgl. S. Friedländer, »De l'antisémitisme à l'extermination: esquisse historiographique et essai d'interprétation«, in: *EHESS, L'Allemagne nazie et le génozide juif*, Paris: Gallimard/Le Seuil 1985, p. 13–38

48 Diesen komplementären Charakter der beiden Thesen schlug ich bereits vor in der Einführung zur Bibliographie »Aux origines de la politique raciale nazie: le rôle de la science et du droit«, *Bulletin de l'IHTP*, 27, 1987, pp. 31–46.

»Der Fuchs weiß viele Dinge, aber der Igel weiß eine große Sache.«

Archilochos

Vor der Zukunft sind wir gemeinsam dumm:
In dieser Situation scheint es ratsam, den Sinn für das
Mögliche zu schärfen und die Gedanken an ihren Folgen zu
messen. Anstöße dazu möchte diese Reihe der Thesen
und Ideen geben.

ANTON HAIN

athenäums programm

Philippe Ariès
EIN SONNTAGSHISTORIKER
Philippe Ariès über sich

Anna Bergmann
DIE RATIONALISIERUNG DER TRIEBE
Rassenhygiene und Eugenik im Deutschen Kaiserreich

Carsten Colpe
PROBLEM ISLAM

Jean-Pierre Dubost
EROS UND VERNUNFT
Literatur und Libertinage

Rainer Eisfeld / Ingo Müller
GEGEN BARBAREI
Essays Robert M. W.
Kempner zu Ehren

Deborah Hertz
DER SALON UM 1800
Jüdische High Society im alten Berlin

Alain Jaubert
FOTOS, DIE LÜGEN
Politik mit gefälschten Bildern

Stephen Mennell
DIE KULTIVIERUNG DES APPETITS
Geschichte des Essens vom Mittelalter bis heute

Paul Peters
HEINRICH HEINE »DICHTERJUDE«
Geschichte einer Schmähung

Murray Schafer
KLANG UND KRACH
Eine Kulturgeschichte des Hörens

Wilhelm von Sternburg
ARNOLD ZWEIG

Hans Dieter Zimmermann
KLEIST. DIE LIEBE UND DER TOD

IM VERLAG ANTON HAIN